💡 기획 김수주

이화여자대학교에서 물리학을 공부한 뒤, 어린이들에게 읽는 즐거움을 주는 책을 꾸준히 만들고 있습니다. 이 책을 기획하면서 과학으로 문제를 해결하는 세 아이의 멋진 모습에 푹 빠지게 되었답니다. 기획한 책으로 〈메타버스 구조대〉 시리즈, 〈괴담 잡는 과학 특공대〉 시리즈, 지은 책으로 《흙에는 뭐든지 있어!》, 《세상을 바꾸다, 신소재》 들이 있습니다.

🧲 글 조인하

숙명여자대학교에서 화학을 공부한 뒤, 출판사에서 오랫동안 어린이를 위한 지식책을 만들었습니다. 재미있는 책을 읽으면서 과학 개념까지 배울 수 없을까를 즐겁게 고민하며 이 책을 썼답니다. 지은 책으로 〈수학 탐정스〉 시리즈, 〈메타버스 구조대〉 시리즈, 〈서바이벌 수학 게임 매스플레이〉 시리즈 들이 있습니다.

🧪 그림 정주연

2010년부터 언제나 신나고 즐거운 그림을 그리고 있습니다. 그린 책으로는 〈공포 탈출〉 시리즈, 〈존리의 금융 모험생 클럽〉 시리즈, 〈설민석의 역사 고민 상담소〉 시리즈, 〈흔한남매 이상한 나라의 고전 읽기〉 시리즈 들이 있으며, 종이책과 웹툰, 웹소설 등 다양한 장르를 넘나들며 재기발랄한 삽화와 만화를 그렸습니다.

과학 탐정스 4: 최종 승자는 누구?

기획 김수주 | **지은이** 조인하 | **그린이** 정주연
펴낸날 2025년 8월 19일 초판 1쇄, 2025년 12월 30일 초판 2쇄
펴낸이 신광수 | **출판사업본부장** 강윤구 | **출판개발실장** 위귀영
아동인문파트 김희선, 박인의, 설예지, 이현지 | **외주편집** 김수주 | **출판디자인팀** 최진아
출판기획팀 정승재, 김마이, 박재영, 이아람, 전지현
출판사업팀 이용복, 민현기, 우광일, 김선영, 허성배, 이강원, 정유, 정슬기, 정재욱, 박세화, 김종민, 정영묵
출판지원파트 이형배, 이주연, 이우성, 전효정, 장현우
펴낸곳 (주)미래엔 | **등록** 1950년 11월 1일 제16-67호 | **주소** 서울특별시 서초구 신반포로 321
전화 미래엔 고객센터 1800-8890 팩스 541-8249 | **홈페이지 주소** www.mirae-n.com

ⓒ 김수주, 조인하, 2025
이 책은 무단으로 전재하거나 복제할 수 없습니다.

ISBN 979-11-7347-862-8 74400
ISBN 979-11-6413-597-4 (세트)

책값은 뒤표지에 있습니다.
파본은 구입처에서 교환해 드리며, 관련 법령에 따라 환불해 드립니다. 다만, 제품 훼손 시 환불이 불가능합니다.

KC 마크는 이 제품이 공통안전기준에 적합하였음을 의미합니다.
사용 연령: 8세 이상

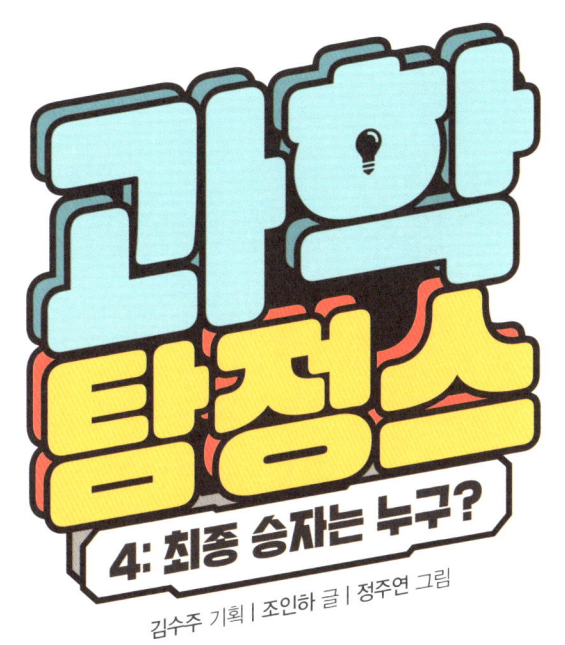

4: 최종 승자는 누구?

김수주 기획 | 조인하 글 | 정주연 그림

《 작가의 편지 》

과학 성적은 최상위, 흥미는 최하위?

 2015년, 세계 49개국 초등학생 31만 명을 대상으로 한 '과학 성취도 평가'에서 우리나라 학생들은 세계 2위로 최상위권을 차지했어요. 하지만 과학 공부에 대한 자신감과 흥미는 세계 최하위권에 머물렀지요. 왜 이런 결과가 나왔을까요? 과학에 즐거움을 느끼지 못하고 시험을 잘 보기 위해 지식을 외우기만 한 결과가 아닐까 해요.

 그럼 어떻게 해야 어린이들이 과학을 어려워하지 않고, 재미있게 공부할 수 있을까요? 과학을 연구하는 사람들은 어릴 적부터 일상생활이나 주변의 다양한 현상 속에서 과학의 원리를 찾아보는 과정이 매우 중요하다고 해요. 그러면 큰 어려움 없이 일상생활에서 자연스럽게 과학을 이해하고 배울 수 있기 때문이에요.

  이 책은 '재미있는 책을 읽으면서 과학 개념까지 배울 수는 없을까?' 하는 고민에서 탄생했어요. 이 책의 주인공들은 속담이나 명언을 말하며 잘난 체하는 '잘난 척 대마왕' 전자기, 키가 크고 힘센 잔소리꾼 '덩치' 강반달, 스타 크리에이터를 꿈꾸는 '수다맨' 조아해예요. 이들이 겪는 아슬아슬한 모험 이야기를 읽으면서, 손에 땀을 쥐게 하는 위기 때마다 빛을 발하는 주인공들과 함께 답을 찾다 보면, 저절로 과학 실력이 쑥쑥 느는 걸 느낄 거예요.

  이제 과학이 함께하는 모험을 떠나 보아요. 준비됐나요? 그럼, 출발!

조인하

≪ 차례 ≫

 작가의 편지 · · · · · · · · · · · · · · · · · · ·

 과학 탐정스 캐릭터 소개 · · · · · · · · · ·

 **제1장 리틀 사이언스킹을 찾아라**

 **제2장 위기의 과학 탐정스** · · · · ·

 **제3장 역전의 발판** · · · · · · · · · ·

 정답 ·

 초등 과학 연계표 · · · · · · · · · · · ·

· **4쪽**

· **8쪽**

· **10쪽**

· **60쪽**

· **88쪽**

· **130쪽**

· **131쪽**

⟪⟪⟪ 과학 탐정스 캐릭터 소개 ⟫⟫⟫

─[전자기]─

잘생긴 얼굴에 똑똑하기까지 해요. '물질'과 '운동과 에너지' 분야의 고수지요. 속담을 말하며 잘난 체를 하고, 자신의 말만 옳다고 우겨서 별명이 '잘난 척 대마왕'이에요. 생각할 때 손톱을 물어뜯는 버릇이 있으며, 항상 돋보기를 들고 다녀요.

─[강반달]─

키도 크고 힘도 세서 별명이 '덩치'예요. 호기심이 많고 오지랖도 넓어서 남의 일에 잔소리가 많아요. 선생님에게 고자질도 잘하지요. 하지만 '생명'과 '지구와 우주' 분야에서는 따라올 사람이 아무도 없어요. 늘 쌍안경을 목에 걸고 다닌답니다.

─[조아해]─

'수다맨 TV'라는 인터넷 방송을 하는 크리에이터예요. 워낙 말이 많은 까닭에 별명이 '수다맨'이랍니다. 방송에 넣을 거라며 아무 때나 스마트폰으로 동영상을 찍어요. '추리력과 관찰력'이 뛰어난데, 추리할 때 자신도 모르게 코를 파는 버릇이 있어요.

【 사이언스킹 】

구독자 수 1000만에 빛나는 인기 만점
과학 너튜버예요. 푸근한 인상이 매력적이지요.
진정한 과학 강자를 가리기 위해 과학 영재 세 팀을
엄선하여 '리틀 사이언스킹을 찾아라!'라는 대회에
초대해요.

【 스마트 팀 】

너튜브에서 기발한 과학 실험과 해박한
과학 지식으로 유명한 아이들을 모은 팀이에요.
키즈 너튜버 반짝캔디, '함께 공부하기' 영상으로
엄청나게 뜬 김원빈, '우주 마니아' 우주선으로
구성되어 있지요.

【 지니어스 팀 】

여러 과학 경시 대회에서 1등을 한 수재들을
모은 팀이에요. '리틀 아인슈타인' 최우수,
'천재 소년' 나영재, '과학 천재' 한영리로
구성되어 있지요.

<<< **제1장** >>>

리틀 사이언스킹을 찾아라!

"강반달! 너, 다이어트 중 아니었어?"

과학실에서 책을 읽던 전자기가 강반달에게 물었어요. 강반달은 순식간에 과자 한 봉지를 해치우고, 새로운 과자를 뜯을지 말지 망설이던 참이었지요.

"포기했어. 난 아무리 운동해도 살이 안 빠지는 체질인가 봐."

"허, 그런 체질이 있어?"

전자기가 피식 웃으면서 말하자, 강반달도 멋쩍은

웃음을 보이며 과자 봉지를 옆으로 슬쩍 밀어 놓았어요. 그때였어요. 과학실 문이 드르륵 힘차게 열리며 조아해가 헐레벌떡 뛰어 들어왔어요.

"애들아, 빅뉴스야! 빅뉴스!"

"뭔데 이렇게 호들갑이야?"

전자기가 시큰둥한 얼굴로 물었어요. 그러자 조아해가 자신의 스마트폰을 두 아이 앞에 쓱 내밀었어요. 스마트폰에는 인별 메시지 하나가 떠 있었어요.

"사이언스킹이 보냈다구. 구독자 수 1000만에 빛나는 과학 너튜버 사이언스킹이! 직접!"

 **사이언스킹**

조아해 님!
'리틀 사이언스킹을 찾아라!' 대회에 과학 탐정스 세 분을 초대합니다. 이 대회는 제가 엄선한 과학 영재 세 팀만 초대하여 진정한 과학 강자를 가리기 위한 것입니다.
리틀 사이언스킹이 되면 4주 뒤, 미국의 NASA에서 발사되는 화성 탐사선 발사 순간을 참관할 수 있으며, 탐사선 내부를 미리 보여 주는 특별 비공개 행사에도 초대됩니다. 꼭 참석해서 좋은 기회를 잡으세요!

날짜와 시간 : 6월 23일 토요일 오전 10시
장소 : 사이언스랜드

사이언스킹

"리틀 사이언스킹? 이런 데 나가서 뭐 해?"

메시지를 쓱 훑어본 강반달이 심드렁한 표정으로 반문하자, 조아해가 메시지의 한 곳을 손으로 짚으며 대답했어요.

"넌 항상 글을 대충 읽더라. 자, 여기 좀 봐. 리틀 사이언스킹이 되면 미국의 나사에 갈 수 있잖아. 너의 소원이 나사에 가 보는 것 아니었어?"

그 말에 강반달의 눈이 휘둥그레졌어요. 강반달은 조아해의 스마트폰을 홱 낚아채고는 메시지를 뚫어져라 읽었어요. 그러고는 기쁨의 비명을 질렀지요.

"꺄아악, 정말이네? 그럼 당연히 참석해야지. 이런 절호의 기회를 놓칠 수 없잖아."

"맞아! 우리가 진정한 과학 강자라는 것도 증명해야지. 안 그래, 전자기? 같이 갈 거지?"

"후유, 알았어. 알았다구."

강반달의 급 관심과 조아해의 설레발에 전자기도 마지못해 함께하기로 했어요.

드디어 6월 23일. 세 아이는 정확히 오전 10시에 사이언스랜드 정문에 도착했어요. 정문 앞에는 초대장에 쓰인 대로 두 팀이 더 있었지요.

"저쪽에 있는 애들이 우리의 경쟁자인가 봐. 어머, 반짝캔디잖아!"

조아해가 깜짝 놀라며 호들갑을 떨었어요.

"반짝캔디? 새로 나온 사탕인가?"

전자기가 고개를 갸우뚱하며 중얼거렸어요. 흥분한 조아해는 전자기를 살짝 째려보았어요.

"반짝캔디가 사탕이라니……. 반짝캔디는 인형 같은 미모에 발랄한 과학 설명과 기발한 과학 실험으로 수많은 구독자를 거느린 너튜버야. '키즈 너튜버계의 아이돌'이라고 부르지. 그리고 나의 너튜브 라이벌이기도 해."

조아해는 반짝캔디를 쳐다보며 전의를 불태웠어요. 그런데 그 옆에 있던 강반달의 눈이 갑자기 반짝 커지더니, 한 남자아이를 정신없이 바라보는 것이 아니겠어요?

"넌 또 왜 그래?"

전자기가 강반달을 툭 치며 묻자, 강반달이 발을

동동 구르며 대답했어요.

"너튜브에서 '함께 공부하기' 영상으로 엄청나게 뜬 김원빈이잖아. 어떡해, 실물이 훨씬 잘생겼어!"

"쳇, 온통 너튜버들뿐이네. 너튜브 안 보는 나 같은 사람은 왕따당하겠는걸?"

전자기가 꿍얼거리는데, 누군가 아는 척을 했어요.

"오랜만이야, 전자기. 이런 데서 만나는구나."

반짝캔디, 김원빈과 같은 '스마트 팀'인 우주선이었지요. 우주선은 자칭 '우주 마니아'로, 1년 전에 전자기와 같은 과학 영재 교육원에서 만났던 사이였어요.

"그러게. 너도 잘 지냈어? 1년 만인가? 반가워."

전자기는 생각지도 않던 친구를 만나자 옛 생각에 반가움이 앞섰어요. 그런데 우주선은 이글이글 타오르는 눈으로 표독스레 말을 내뱉었어요.

"난 하나도 안 반가워. 오늘 너는 나의 경쟁자일 뿐

이니까. 내가 얼마나 나사에 가고 싶어 하는지 잘 알지? 나사는 꼭 내가 가고 말 테니, 그렇게 알아. 흥!"

'똥이 무서워서 피하나? 더러워서 피하지. 쳇!'

전자기는 기가 살짝 눌리는 것을 느끼며 슬쩍 자리를 피했어요. 과학 탐정스와 겨룰 또 다른 팀은 '지니어스 팀'으로, 여러 과학 경시 대회에서 1등을 한 아이들이 모인 팀이었어요.

"두 팀 모두 만만치 않은데?"

전자기가 긴장감에 손톱을 물어뜯으며 말했어요.

"맞아! 하지만 그렇다고 너무 기죽을 필요는 없어. 우리가 누구야? 그 이름도 유명한 과학 탐정스잖아."

조아해가 콧구멍을 후비며 대답했어요. 그 모습을 본 강반달이 인상을 팍 썼어요.

"어우, 더러워. 오케이! 거기까지."

"야, 덩치! 넌 왜 항상 나한테만 잔소리야?"

조아해가 발끈하며 강반달에게 따지려는데, 사이언스랜드의 정문이 열렸어요. 그리고 푸근한 인상의 사이언스킹이 나타나 반갑게 인사했어요.

"우아아아! 사이언스킹이다."

아이들은 우레와 같은 박수를 보내며 열렬히 환호했어요. 아이들의 환호에 사이언스킹은 멋진 윙크로 화답하며 말을 시작했지요.

오늘 모인 세 팀은 모두 대단합니다. 지니어스 팀은 과학 경시 대회에서 1등을 한 수재들의 모임이고, 스마트 팀은 너튜브에서 기발한 과학 실험과 해박한 과학 지식으로 유명하지요. 과학 탐정스 팀은 해괴한 사건을 과학으로 명쾌하게 해결하는 어린이 탐정단입니다.

그래서 난 이 세 팀의 승부를 내 보고 싶었습니다. 누가 진짜 실력자인지 말이에요.

아이들의 얼굴은 긴장으로 점점 굳어져 갔어요. 사이언스킹은 설명을 이어 갔어요.

"대회 규칙을 설명하겠습니다. 출발점에서 시작해 사이언스랜드를 다니며 미션을 해결하고, 가장 먼저 결승점에 도착하는 팀이 '리틀 사이언스킹'이 됩니다. 리틀 사이언스킹은 과학 지식뿐 아니라 문제 해결 능력, 창의력, 승부 근성 등의 자질도 갖춰야 하므로, 미션에는 그러한 내용이 포함되어 있습니다."

사이언스킹은 팀마다 태블릿을 하나씩 나누어 주며 말을 마쳤어요.

"태블릿에는 게임판이 그려져 있어요. 그 게임판에서 자동으로 말이 이동합니다. 게임판에는 세 팀의 말이 다 나와 있어 각각 어디에 있는지 한눈에 보입니다. 주사위는 밑에 있는 '주사위' 버튼을 누르면 굴릴 수 있고요. 모두 행운을 빌어요!"

대회 규칙 리틀 사이언스킹을 찾아라!

1. 주사위를 굴려 나온 수만큼 말이 이동하며, 사람은 '사이언스 트레인'을 타고 이동한다.

2. 도착한 곳의 미션 해결에 성공하면 그곳에서 주사위를 굴려 이동한다. 미션 해결에 실패하면 이전 단계로 되돌아간 뒤, 주사위를 다시 굴린다.

3. 바로 앞 팀이 해당 칸의 미션을 해결하기 전에 같은 칸에 도착하면 대결할 수 있으며, 미션을 더 빨리 해결하는 팀이 이긴다. 대결에서 지면 이전 단계로 되돌아간 뒤, 주사위를 다시 굴린다.

4. 팀마다 각각 하나씩 주어지는 '골드 사이언스키'와 '실버 사이언스키'는 필요한 순간에 사용할 수 있다. 골드 사이언스키를 쓰면 바로 앞 팀과 대결할 수 있고, 실버 사이언스키를 쓰면 지정한 한 팀을 이전 단계로 되돌릴 수 있다.

경기 시작을 알리는 벨 소리와 함께 드디어 대회가 시작되었어요.

"생각보다 엄청 긴장되는데?"

조아해가 손을 살짝 떨며, 태블릿의 주사위 버튼을 눌렀어요. 그러자 화면에 주사위가 나타나더니, 데굴데굴 구르다 '5'에서 멈추었어요.

"오, 처음부터 괜찮은 수가 나왔어."

강반달의 말에 전자기도 고개를 끄덕였어요. 말은 저절로 다섯 칸을 이동했지요.

"제목이 '동물을 찾아라!'네. 숨은 동물 찾기인가?"

전자기가 사이언스 트레인에 올라타며 말했어요.

"가 보면 알겠지. 근데 여기 엄청 멋지지 않아?"

강반달이 태평한 얼굴로 대꾸했어요.

"맞아, 풍경이 진짜 끝내준다."

주변 영상을 찍던 조아해가 맞장구를 쳤지요.

잠시 뒤, 사이언스 트레인이 동물원 입구에 섰어요. 아이들이 내리자, 태블릿에 미션이 떴어요.

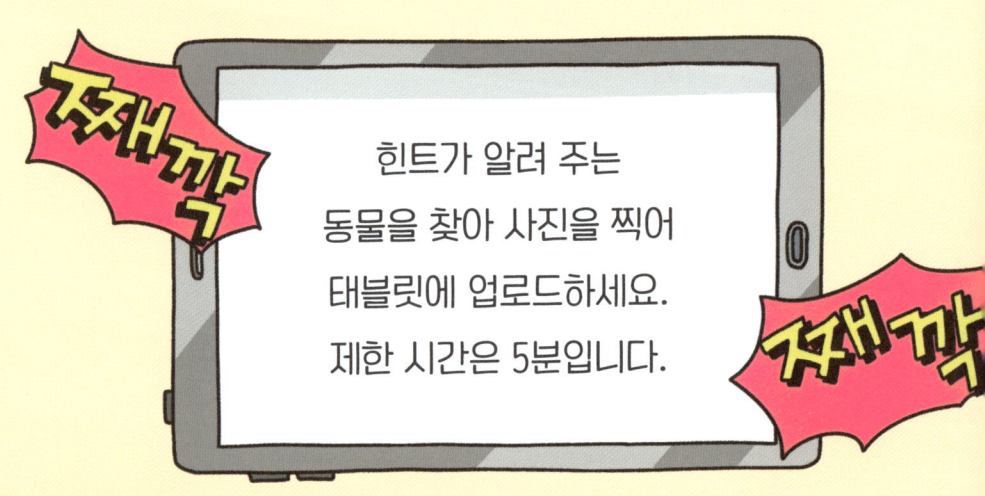

힌트가 알려 주는
동물을 찾아 사진을 찍어
태블릿에 업로드하세요.
제한 시간은 5분입니다.

 곧이어 태블릿에 세 가지 힌트와 함께 숫자가 표시된 시계가 나타났어요. 시계의 숫자는 째깍째깍 소리를 내며 줄어들었지요.
 "쳇, 왜 이렇게 시간이 짧아. 게다가 난 힌트를 봐도 어떤 동물인지 잘 모르겠는걸?"
 전자기가 투덜거렸어요.
 "걱정하지 마. 동물이라면 나만 믿어."

강반달이 외치며 입구의 동물원 지도를 유심히 살펴보았어요. 하지만 뭔가 헷갈리는지 고개를 갸우뚱했어요. 째깍째깍! 시간은 계속 흐르고, 초조해진 조아해가 외쳤어요.

"야, 강반달! 잘 모르겠으면 아무거나 찍어!"

그 말에 강반달이 소리쳤어요.

"오케이, 거기까지! 정답은 벌써 알고 있었어. 사는 곳에 따른 동물의 특징만 알면 되거든. 혹시 함정이 있나 고민했던 거야."

강반달이 동물원 지도에서 가장 안쪽에 있는 우리를 가리켰어요.

"답은 사막여우야. 이유는 미션 해결하고 설명해 줄게. 여기로 가자!"

 강반달이 먼저 뛰어갔어요. 전자기와 조아해도 부지런히 쫓아갔어요. 생각보다 먼 거리에 아이들은 점차 숨이 가빠졌지요. 그때였어요. 조아해가 그만 자기 발에 걸려 넘어지고 말았어요. 전자기와 강반달이

깜짝 놀라며 달려와 조아해를 일으켜 주었지요.

"수다맨, 괜찮아?"

"응, 괜찮아. 얼른 가자!"

셋은 서로를 격려하며 다시 달렸어요. 숨을 헐떡이며 사막여우 우리 앞에 도착한 아이들은 재빨리 태블릿으로 사막여우 사진을 찍어 업로드했지요. 그러자 태블릿에 '정답입니다. 미션을 해결했습니다.'라는 글이 떴어요. 시계는 5초 전에 멈추어 있었어요.

"후유! 나 때문에 실패하는 줄 알았어."

조아해가 안도의 한숨을 내쉬며 말했어요. 태블릿을 보니 현재 지니어스 팀이 1등, 과학 탐정스 팀은 2등이었어요.

"아직 순위가 큰 의미는 없지만, 우리 팀은 현재 2등이야. 그나저나 덩치, 어떻게 정답이 사막여우인 줄 알았어?"

전자기의 질문에 강반달이 싱긋 웃으며 설명을 시작했어요.

"힌트에 나온 '모래로 덮여 있고 물이 매우 적은 곳'은 사막이야."

"사막에도 동물이 살아?"

조아해가 코를 파며 물었어요. 강반달은 못 본 척하며 계속 설명했어요.

"그럼! 사막여우, 낙타, 도마뱀, 사막 딱정벌레 등 다양한 동물이 살아."

"그런 곳에서도 동물이 산다는 게 신기하다. 어떻게 그럴 수 있지?"

전자기가 의아해하며 물었어요.

"사막에 사는 동물은 물이 부족한 환경에 적응하고 뜨거운 열기를 피하기 위한 생김새와 생활 방식을 가지고 있거든."

낙타는 땅의 뜨거운 열기를 피할 수 있게 다리가 길고, 발바닥이 넓어서 모래에 잘 빠지지 않아. 등의 혹에 저장된 지방을 물과 먹이가 부족할 때 쓰지.

사막 딱정벌레는 등에 돌기가 있어 물방울이 잘 맺히는데, 새벽에 땅 위로 나와 머리를 숙이면 머리 쪽으로 물방울이 흘러 물을 마실 수 있지.

도마뱀은 뜨거운 땅에 서 있거나 이동할 때 한 번에 두 발씩 번갈아 들어 올리며 열을 식혀.

와, 덩치! 너 어떻게 그렇게 잘 알아?

뭐, 상식이지. 하여튼 사막에 사는 동물 중 몸에 비해 귀가 커서 몸의 열을 내보내기 유리하고, 몸집이 작아 체온을 유지하는 데 유리한 동물은 사막여우야.

 첫 번째 미션을 무사히 해결한 아이들은 다시 주사위 버튼을 눌렀어요. 데굴데굴 구르던 주사위는 이번에도 '5'에서 멈추었어요. 그런데 말이 이동한 칸에는 '앞으로 1칸!'이라고 쓰여 있었어요. 신이 난 조아해가 스마트폰을 태블릿에 들이대며 말했어요.
 "우아, 주사위도 연속으로 큰 수가 나오는 데다, 운도 따르는데?"
 "그러게. 도랑 치고 가재 잡은 격인걸?"

 맞장구치는 전자기의 얼굴에도 미소가 떠올랐어요. 말이 다시 이동한 칸의 미션 제목은 '비밀번호를 찾아라!'였어요. 사기가 오른 아이들은 손을 맞잡고 함께 사이언스 트레인에 올랐어요.

 잠시 후, 아이들이 내린 곳은 사이언스랜드의 캐릭터 '반짝이'로 만든 기념품을 파는 상점이었어요. 상점 안에는 크고 작은 인형, 문구, 액세서리, 가방 등 반짝이 기념품들이 가득했지요. 조아해는 홀린 듯이 스마트폰으로 기념품들을 찍기 바빴어요. 아기자기한 물건을 좋아하는 강반달은 어느새 반짝이 인형을 조몰락대고 있었지요.

그때 띠링 소리와 함께 태블릿에 미션이 떴어요.

> 상점 안 금고에는 시한폭탄이 들어 있습니다. 폭탄이 터지는 걸 막으려면 금고의 비밀번호를 알아내 금고를 열고, 폭탄의 STOP 버튼을 눌러야 하지요. 비밀번호는 금고 위의 인형을 가장 무거운 것부터 가벼운 순서대로 놓았을 때 인형에 쓰인 숫자를 차례대로 나열한 것입니다. 제한 시간은 5분입니다.

곧이어 시계가 나타나더니, 째깍째깍 소리와 함께 시계의 숫자가 줄어들기 시작했어요.

"우선 각자 흩어져서 금고부터 찾자. 인형 아래에 있을 거야."

전자기가 돋보기로 여기저기 살피며 말했어요. 그때 조아해가 소리쳤어요.

"여기 반짝이 인형들 밑의 쇠 상자가 금고 같아."

전자기와 강반달이 달려가 보니, 4개의 반짝이 인형 밑에 10개의 숫자 버튼이 있는 금고가 놓여 있었

어요. 인형 4개에는 윗옷에 각각 41, 29, 38, 73이라고 쓰여 있었지요.

"와, 수다맨의 눈썰미는 진짜 최고야!"

강반달이 흥분해서 외쳤어요. 조아해는 겸연쩍게 웃으며 머리를 긁적였지요.

"헤헤, 좀 전에 스마트폰으로 찍을 때 특이해서 기억에 남았거든."

하지만 기쁨도 잠시, 아이들은 비밀번호를 알아내기 위해 다시 머리를 맞댔어요.

"어떻게 인형의 무게를 알아내지?"

전자기가 손톱을 잘근잘근 씹으며 말했어요.

"손으로 들어 보면 짐작이 가지 않을까?"

조아해가 양손으로 인형들을 들어 보며 말했어요. 하지만 이내 고개를 갸우뚱했어요.

"잘 모르겠어. 인형 무게가 비슷비슷한가 봐."

"저울로 재는 것이 가장 정확한데……."

강반달은 혹시나 하는 마음에 상점의 이곳저곳을 찾아보았어요. 하지만 저울은커녕 저울의 그림자도 보이지 않았지요. 시간은 자꾸 흐르고, 아이들은 애가 탔어요. 그때 상점을 둘러보며 골똘히 생각하던 전자기가 손가락을 딱 튕기며 말했어요.

"저울처럼 무게를 잴 수 있는 물건을 만들면 돼."

"그런 물건이 어디 있는데?"

강반달의 질문에 전자기가 물어뜯던 손톱을 퉤 하고 뱉으며 되물었어요.

"너희, 용수철에 대해 들어 본 적 있지?"

"철사를 돌돌 말아 쌓은 것처럼 생긴 것 말이야?"

조아해가 콧구멍을 벌름거리며 대답했어요.

맞아. 용수철은 힘을 주면 길이가 늘어나고, 힘이 없어지면 원래 모양으로 되돌아가려는 성질이 있어. 용수철에 매다는 물체가 무거울수록 용수철이 많이 늘어나는데, 물체의 무게에 따라 일정하게 늘어나지. 이런 용수철의 성질을 이용해서 용수철저울을 만들거든. 그러니까 우리가 용수철저울을 직접 만들면 돼.

"좋은 생각이긴 한데, 용수철이 있어야 말이지."

조아해가 콧등을 긁으며 전자기를 쳐다보았어요.

"용수철이 쓰이는 물건에서 빼 오면 되지. 용수철은 빨래집게, 볼펜, 자전거, 콩콩 뛰는 놀이기구 같은 데 쓰이거든. 등잔 밑이 어둡다고, 혹시 모르니 잘 찾아보자."

"휴, 여기에 그런 물건이 어디 있어."

강반달이 한숨을 쉬며 중얼거렸어요. 그래도 혹시나 하는 마음에 주위를 두리번거렸지요. 그런데 강반달의 두 눈이 크게 벌어졌어요.

"아! 저거면 되겠다."

강반달이 뛰어가서 가져온 것은 반짝이 용수철 인형이었어요. 전자기는 얼굴이 환해졌지요.

"잘했어. 이걸 쓰면 인형 무게를 잴 수 있겠어."

전자기는 용수철 인형 밑에 붙은 받침을 떼어 버리고, 용수철 끝을 살짝 폈어요. 그리고 반짝이 인형을 하나씩 걸어 보았지요. 그런데 용수철이 계속 흔들거리고 하는 통에 어느 인형의 용수철이 가장 많이 늘어났는지 확실히 알 수가 없었어요.

"흠, 아무래도 용수철이 얼마나 늘어났는지 정확히 잴 자 같은 게 필요하겠는데?"

전자기가 미간에 주름을 잡으며 중얼거렸어요.

강반달이 다급한 목소리로 말했어요.

"애들아, 1분 남았어."

조아해는 상황이 절박해지자 지푸라기라도 잡는 심정으로 주위를 둘러보았어요. 그 순간 어떤 물건 하나가 조아해의 눈에 들어왔어요. 조아해는 손가락으로 그 물건을 가리키며 소리쳤어요.

"저걸로 늘어난 용수철의 길이를 재면 어때?"

조아해가 가리킨 것은 벽에 붙여 놓고 아이들의 키를 잴 때 사용하는 반짝이 키재기 자였지요. 강반달이 저도 모르게 손뼉을 쳤어요.

"와! 수다맨, 정말 너의 눈썰미는 국보급이야."

전자기도 조아해에게 엄지손가락을 세워 보였어요. 조아해는 어깨를 으쓱하여 콧대를 세웠지요. 남은 시간은 40초! 긴장된 순간에도 전자기는 차분하게 반짝이 인형들을 하나하나 용수철에 걸어 늘어난 용수철의 길이를 키재기 자로 쟀어요. 그리고 가장 무거운 순서대로 인형을 늘어놓았지요. 인형 옷에 쓰인 숫자는 38, 29, 73, 41 순이었어요.

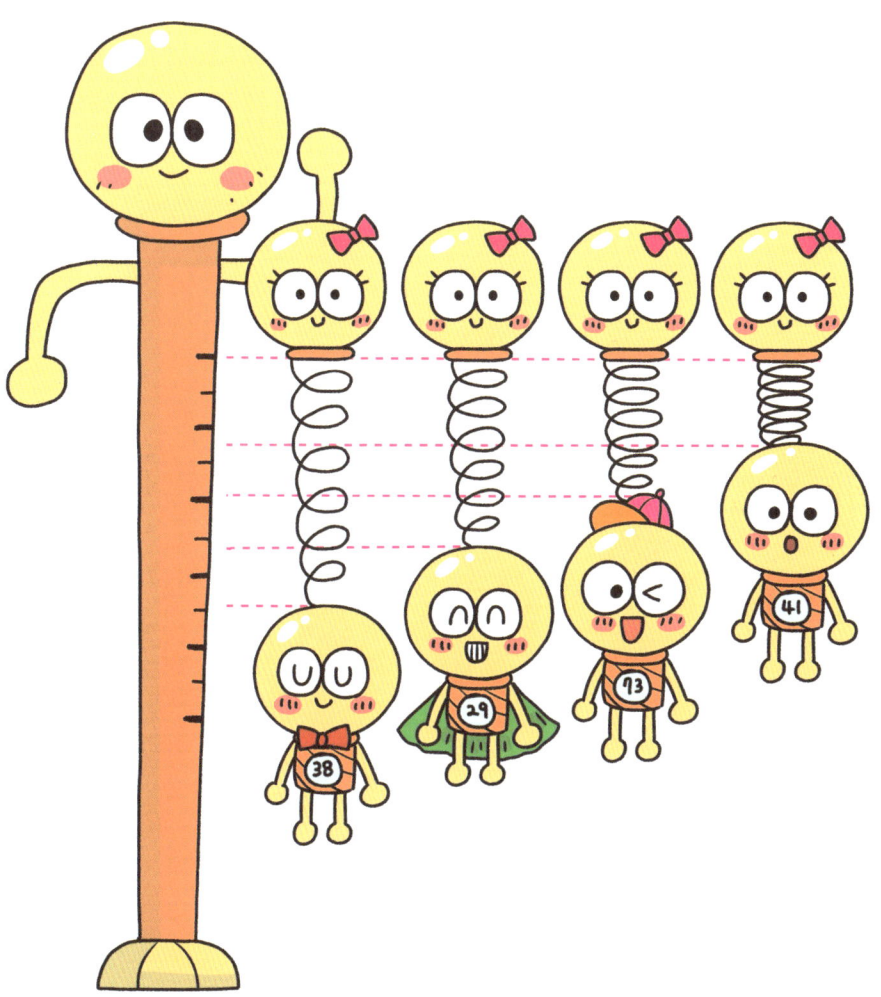

"비밀번호는 38297341이야."

"서둘러! 10초밖에 안 남았어."

강반달과 조아해가 연달아 소리를 질렀어요. 전자기는 고개를 끄덕이며 침착하게 비밀번호를 눌렀어요. 그러자 삐리릭 하고 금고 문이 열리며 시한폭탄이 모습을 드러냈어요. 남은 시간은 단 3초! 전자기가 얼른 시한폭탄에 있는 'STOP' 버튼을 누르자, 폭

탄이 멈추었어요. 곧이어 태블릿에 '정답입니다. 미션을 해결했습니다.'라는 글이 떴지요. 시계는 1초 전을 가리키고 있었어요.

"후유, 다행이다. 잘난 척 대마왕, 잘했어."

강반달이 전자기를 바라보며 미소 지었어요. 조아해도 "미투!" 하고 외쳤지요. 하지만 마음속으로는 혀를 내둘렀어요.

'저 녀석은 어떻게 이런 급박한 상황에서도 침착할 수가 있지? 나 같으면 손이 덜덜 떨려 버튼도 못 눌렀을 텐데. 냉혈한이 틀림없어.'

세 아이는 태블릿을 확인했어요. 과학 탐정스 팀은 여전히 2등이었지요.

"괜찮아. 충분히 따라잡을 수 있어. 파이팅!"

조아해의 응원 속에 강반달이 주사위 버튼을 눌렀어요. 데굴데굴 구르던 주사위는 '3'에서 멈추어 섰지요. 말이 이동한 칸에는 이렇게 쓰여 있었어요.

'없어진 조각을 찾아라!'

사이언스 트레인에서 아이들이 내린 곳은 자그마한 광장이었어요. 녹색 잔디가 깔려 있어 시원해 보였지요. 곧바로 띠링 소리와 함께 미션이 떴어요.

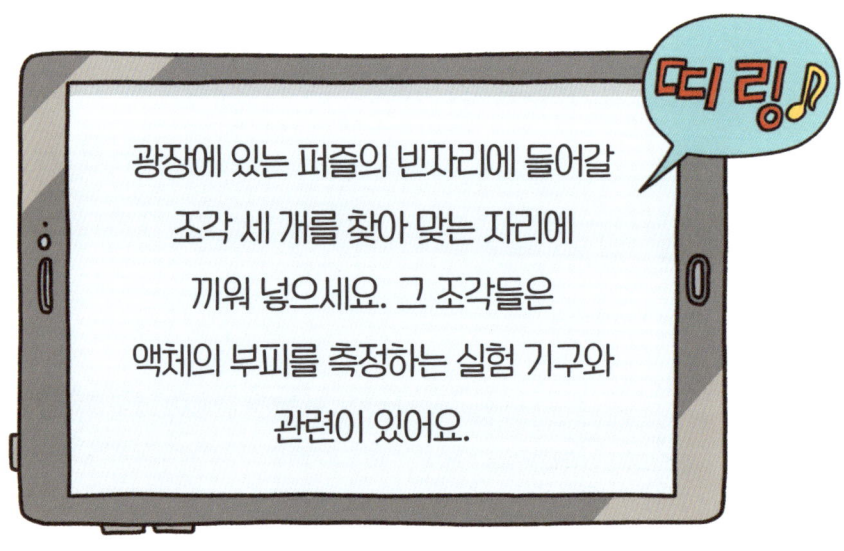

광장에 있는 퍼즐의 빈자리에 들어갈 조각 세 개를 찾아 맞는 자리에 끼워 넣으세요. 그 조각들은 액체의 부피를 측정하는 실험 기구와 관련이 있어요.

"어디에 퍼즐이 있다는 거야?"

조아해가 광장을 동영상으로 찍으며 말하자, 강반

달이 얼른 쌍안경으로 광장을 살펴보고는 한 곳을 가리키며 말했어요.

"저기 '사이언스랜드'라는 글자 주위에 빈자리 세 개가 있고, 여기저기 흩어진 퍼즐 조각들이 보여."

"그럼 그 자리에 맞는 퍼즐 조각을 찾아서 끼워 넣으면 되겠네. 흐음, 액체의 부피를 측정하는 실험 기구가 뭐더라?"

전자기가 눈을 감고 손톱을 물어뜯으며 생각에 잠

졌어요. 그때, 조아해가 문득 물었어요.

"어? 이번에는 왜 제한 시간이 없지?"

그런데 조아해의 말이 끝나기 무섭게 갑자기 광장에 귀여운 로봇 몇 대가 나타났어요. 그러더니 퍼즐 조각들을 하나씩 집어 들기 시작했어요.

"어머? 저 로봇들이 퍼즐 조각을 막 집어 가는 것 같은데? 어떡해!"

강반달이 당황한 목소리로 소리쳤어요. 조아해도

어이없는 얼굴로 발을 구르며 맞장구쳤지요.

"그러게. 시간제한이 없어도, 로봇이 맞는 조각을 가져가 버리면 미션 실패잖아!"

그때 전자기가 눈을 번쩍 뜨며 단호한 목소리로 말했어요.

"애들아, 허둥거리지 말고 진정해! 액체의 부피를 측정하는 실험 기구를 알아냈어."

"정말? 그게 뭔데?"

"액체의 부피를 측정하는 실험 기구에는 눈금과 숫자가 표시되어 있어. 그러니까 눈금실린더, 비커, 삼각 플라스크 같은 것들을 찾으면 돼."

조아해는 전자기의 말을 듣고는 후비적후비적 코를 파며 광장에 흩어진 조각들을 뚫어지게 쳐다보았어요. 그러더니 자신만만한 목소리로 말했지요.

"난 벌써 다 찾았는데, 너희는 안 보여?"

조아해가 얼른 달려가 눈금실린더 퍼즐 조각을 가져와 끼웠어요. 그리고 전자기는 조아해가 가리킨 쪽에서 삼각 플라스크 퍼즐 조각을 가져와 끼웠지요.

"우아, 수다맨! 정말 대단한데?"

전자기의 칭찬에 조아해는 빙긋 웃으며 말했어요.

"이제 비커만 찾으면 되지? 저기야."

"이야, 수다맨 덕분에 금방 끝나겠는걸?"

강반달이 여유롭게 웃는 순간, 전자기가 헉하고 숨들이마시는 소리를 냈어요.

"어? 로봇이 비커 퍼즐 조각을 잡으려고 해."

"안 돼!"

강반달이 비명을 지르며 번개같이 달려갔어요. 그러고는 재빨리 로봇 쪽으로 슬라이딩하여 비커 퍼즐 조각을 잡아챘지요. 발을 동동 구르며 지켜보던 전자

기와 조아해가 한목소리로 외쳤어요.

"덩치, 나이스!"

강반달이 헉헉거리며 비커 퍼즐 조각을 끼워 넣자, 태블릿에 '정답입니다. 미션을 해결했습니다.'라는 글이 떴어요. 그때였어요. 맨 앞에 있던 지니어스 팀의 말이 스르르 다섯 칸 뒤로 물러났어요. 그곳은 과학

탐정스 팀의 말보다 세 칸 뒤였어요.

"와, 드디어 지니어스 팀을 앞섰어. 1등이야."

조아해의 말에 전자기가 무뚝뚝하게 대꾸했어요.

"벌써 좋아하긴 일러. 아직 대회 초반인 데다, 두 팀에서 사이언스키를 쓰면 순위가 금방 뒤바뀔 수 있거든. 아마 승패는 각 팀에서 사이언스키를 언제 쓰느냐에 따라 결정될 거야."

제2장

위기의 과학 탐정스

세 번째 미션을 마친 아이들은 주사위 버튼을 눌렀어요. 데굴데굴 구르던 주사위는 '6'에서 멈추어 섰지요. 말이 이동한 칸에는 이렇게 쓰여 있었어요.

'징검다리를 건너라!'

그런데 아이들이 막 사이언스 트레인에서 내리는 순간, 낯선 목소리가 울려 퍼졌어요.

"지니어스 팀에서 과학 탐정스 팀에게 골드 사이언

스키를 사용했습니다."

 그러고는 또 다른 사이언스 트레인이 도착하고, 뒤에 있던 지니어스 팀이 내렸어요.

 "오, 초반 기선 제압 작전인가!"

 조아해가 너스레를 떨었어요.

 두 팀이 대결할 장소는 '사이언스 숲'이었어요. 초록빛 풀밭과 들꽃, 우뚝 선 고목들이 어우러져 더할 나위 없이 평화로워 보이는 곳이었지요. 아이들은 나무가 울창한 숲길을 지나 좀 더 안으로 들어갔어요. 그랬더니 두 개의 징검다리가 놓인 개천이 나왔어요. 개천에는 맑은 물이 흐르고 있었는데, 물은 깊지 않

앉으나 물살이 빠른 편이었지요. 징검다리 앞에는 두 팀의 이름이 쓰인 팻말이 꽂혀 있었어요.

"뻔하네. 징검다리를 먼저 건너면 이기는 거야."

전자기의 확신에 찬 말에 강반달이 쌍안경을 들어 징검다리를 살펴보았어요.

"전자기, 네 말이 맞는 것 같아. 양쪽 징검돌에 똑같은 그림이 똑같은 순서로 있어."

강반달이 전자기를 쳐다보며 속삭이는 순간, 태블릿에서 띠링 하며 미션이 떴어요.

각 팀의 대표가 나와 신호와 동시에 출발해 먼저 징검다리를 건너면 이깁니다.
단, 반드시 먹이 사슬 순서대로 건너야 하며, 한 징검돌에는 5초 이상 머무를 수 없습니다. 틀린 징검돌을 밟으면 처음부터 다시 시작해야 합니다.

"먹이 사슬? 그런 사슬도 있나?"

조아해가 고개를 갸웃하자, 강반달이 나서며 설명했어요.

"먹이 사슬이 무엇인지 알려면 생물들 사이의 먹고 먹히는 관계를 알아야 해."

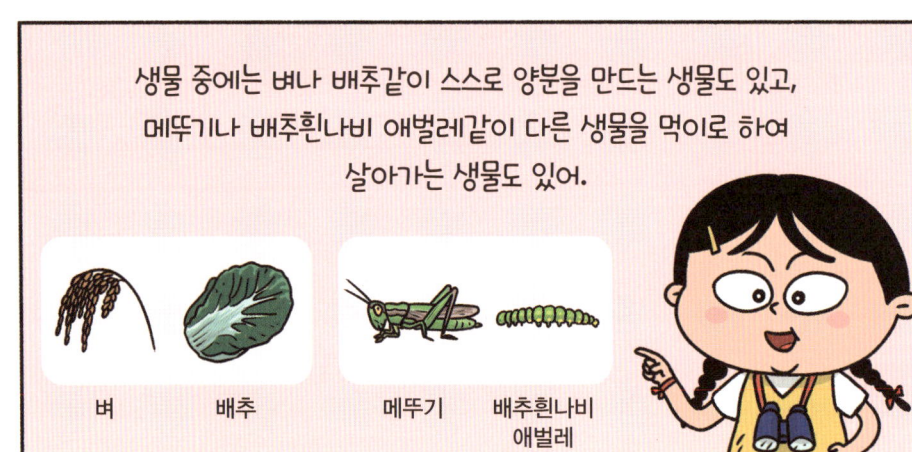

생물은 서로 먹고 먹히는 관계에 있는데, 이처럼 먹이 관계가 사슬처럼 연결되어 있는 것을 '먹이 사슬'이라고 해.

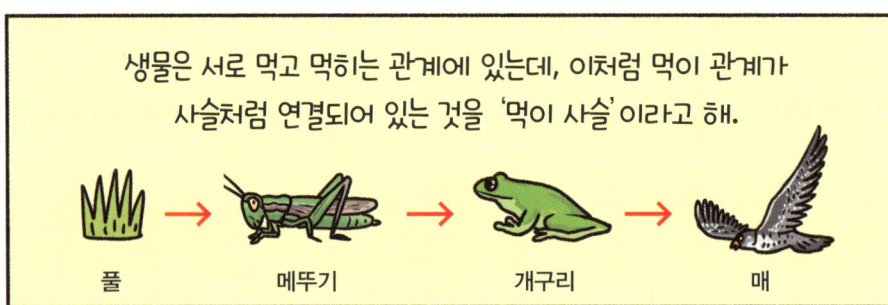

그런데 사슴은 풀 외에 다른 먹이도 먹고, 뱀은 쥐 외에 다른 먹이도 먹지. 이처럼 여러 개의 먹이 사슬이 얽혀 그물처럼 연결되어 있는 것을 '먹이 그물'이라고 해.

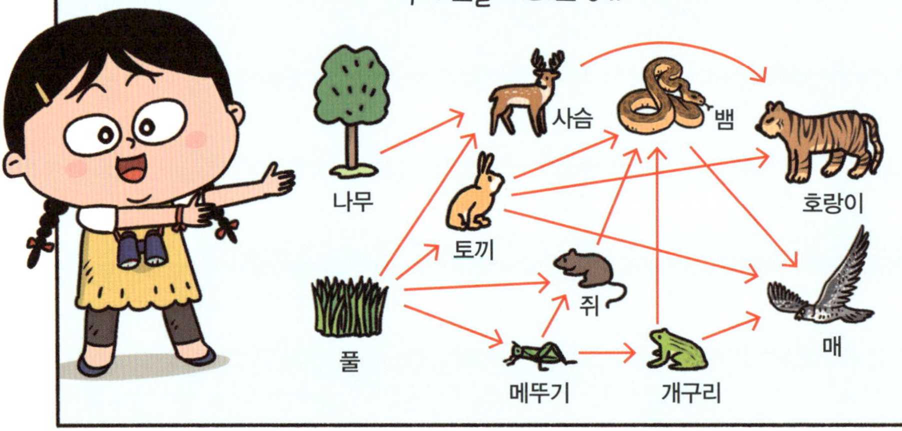

"우아, 역시 생명 분야는 강반달을 따라올 사람이 없다니까!"

조아해의 말에 전자기도 맞장구를 쳤어요.

"맞아! 그럼 우리 팀 대표는 덩치로 정해졌네. 더 생각할 것도 없어."

친구들의 칭찬에 기분이 좋아진 강반달이 기세 좋게 나섰어요.

"오케이! 거기까지. 이번 미션은 나에게 맡겨!"

"너한테는 누워서 떡 먹기겠지만, 돌다리도 두들겨 보고 건너랬어. 신중하게 해."

전자기가 강반달의 어깨를 토닥이며 힘을 북돋아 주었어요.

"파이팅!"

조아해는 큰 소리로 응원했지요. 강반달은 자신만만한 얼굴로 손을 크게 흔들며 징검다리로 향했어요.

출발 신호와 함께 강반달과 지니어스 팀 대표 한영리가 양쪽 징검다리에서 건너기 시작했어요.

"빨리 끝내 버려야지."

강반달은 의기양양한 얼굴로 식물인 '벼'에서 시작하여 벼를 먹는 동물인 '메뚜기', 메뚜기를 먹는 동물인 '개구리'의 순서로 징검돌을 밟으며 개천을 건넜어요. 그런데 '개구리' 징검돌을 밟고 있던 강반달이 주춤하며 멈추어 섰어요.

"개구리를 먹는 동물이 뭐지? '뱀'인지 '닭'인지 헷갈리는데?"

강반달은 잠시 고민에 빠졌어요. 그때 갑자기 '개구리' 징검돌이 아래로 내려가기 시작했어요.

"앗, 5초 이상 머무르면 징검돌이 내려가는구나. 큰일 났네!"

다급해진 강반달은 얼른 '닭' 징검돌을 밟았어요.

그때였어요. 삐 소리와 함께 모든 징검돌이 아래로 내려갔지요. 그 바람에 강반달은 무릎까지 물에 빠지고 말았어요.

 "아, 이제 생각났다. 닭은 작은 씨앗과 잎사귀, 벌레 등을 먹고, 뱀은 개구리, 쥐, 토끼 등을 먹는데, 이걸 헷갈리다니……."

자신의 실수에 정신이 번쩍 든 강반달은 얼른 출발점으로 되돌아가 '벼, 메뚜기, 개구리, 뱀, 매'의 순서로 징검돌을 밟아 개천을 건넜어요. 하지만 지니어스 팀의 한영리가 이미 개천을 다 건넌 뒤였지요. 전자기가 들고 있던 태블릿에 '지니어스 팀이 과학 탐정스 팀을 이겼습니다.'라는 글이 떴어요. 강반달은 부끄럽고 미안해서 얼굴을 들 수가 없었어요.

"미안해. 이렇게 큰 실수를 하다니……."

"에이, 덩치! 너답지 않게 왜 그래? 너무 기죽지 마. 그나마 후반부에 실수하지 않아서 다행이야."

조아해가 따스한 말로 강반달을 위로하자, 전자기도 격려했어요.

"맞아! 지금 앞서간다고 반드시 이기는 건 아니야. 최후의 승자가 진정한 승자이지."

셋은 사이언스 트레인을 타고 이전 지점으로 되돌아갔어요. 분위기가 너무 가라앉아 있자, 조아해가 학원 친구 나연산에게 들은 아재 개그를 꺼냈어요.

"자, 할아버지들이 제일 좋아하는 돈이 뭐게?"

"공짜 돈?"

잠시 생각하던 전자기가 대답하자, 조아해가 기분 좋게 "땡!"을 외쳤어요.

"정답은 바로 할머니야."

그 말에 전자기가 풋 하고 웃자, 강반달도 웃음보

가 터졌어요. 신난 조아해는 계속 퀴즈를 냈어요.

"많이 맞을수록 좋은 것이 뭐게?"

"엥? 그런 게 있어?"

강반달이 눈을 동그랗게 뜨며 되물었어요.

"시험 문제잖아. 히히히, 웃기지?"

세 아이는 함께 웃으며 마음을 추슬렀어요.

강반달이 다섯 번째로 주사위 버튼을 눌렀어요. 데굴데굴 구르던 주사위는 '2'에서 멈추었지요. 그때였어요. 3등이었던 스마트 팀의 말이 여섯 칸을 이동했어요. 그리고 과학 탐정스 팀의 말을 제쳤지요.

"에구, 이제 우리가 꼴등이네. 쩝!"

전자기가 씁쓸하게 입맛을 다시자, 조아해가 눈을 반짝이며 말했어요.

"그럼 지금 실버 사이언스키를 써서 2등인 스마트 팀부터 제칠까?"

하지만 전자기는 태블릿에 나타난 세 팀의 위치를 확인하며 단호한 목소리로 말했어요.

"아니, 지금처럼 세 팀의 위치가 도토리 키 재기인 경우에는 사이언스키로 언제든 역전할 수 있어. 그러니까 아예 역전할 생각을 못 하게 경기 후반부에 쓰는 게 좋을 것 같아."

"그러다 두 팀이 엄청 앞서 나가면 따라잡을 수 없잖아. 그러니까 지금 하나 쓰자."

웬일로 조아해가 주장을 굽히지 않았어요. 그러자

강반달이 둘 사이에 끼어들었어요.

"오케이, 거기까지! 지금 우리가 사이언스키를 써서 2등이 된다 해도, 다른 두 팀이 우리에게 사이언스키를 쓰면 순위는 금방 바뀔 거야. 스마트 팀은 방금 지니어스 팀에게 골드 사이언스키를 썼으니까 실버 사이언스키만 남았고, 지니어스 팀 역시 마찬가지야. 그래서 우리는 다른 두 팀이 사이언스키를 다 쓸 때까지 기다렸다가 그 후에 썼으면 좋겠어."

"네네, 잘 알았습니다."

조아해가 입을 삐죽이며 대답했어요.

아이들이 사이언스 트레인을 타고 도착한 곳은 '화석 전시실'이었어요. 그곳에는 여러 물체가 놓인 기다란 탁자가 있었지요. 아이들이 탁자 가까이 가자, 띠링 소리와 함께 태블릿에서 미션이 떴어요.

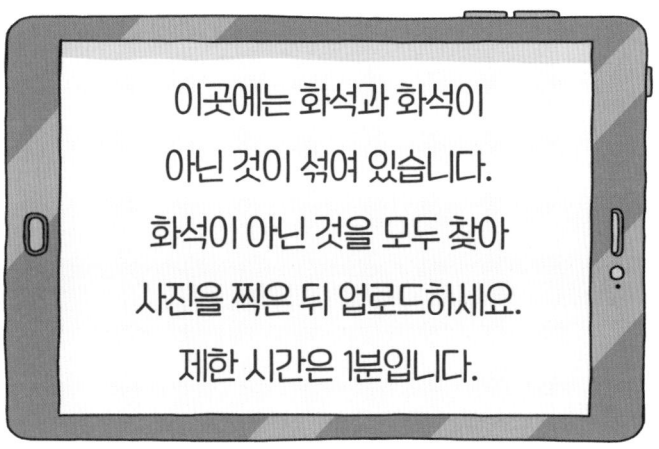

이곳에는 화석과 화석이
아닌 것이 섞여 있습니다.
화석이 아닌 것을 모두 찾아
사진을 찍은 뒤 업로드하세요.
제한 시간은 1분입니다.

강반달은 탁자 위의 물체들을 하나하나 살펴보았어요. 그러더니 곧 기쁨에 찬 목소리로 외쳤어요.

"오케이, 여기까지! 화석이 아닌 것들을 모두 찾아냈어. 화석의 특징만 알면 되거든."

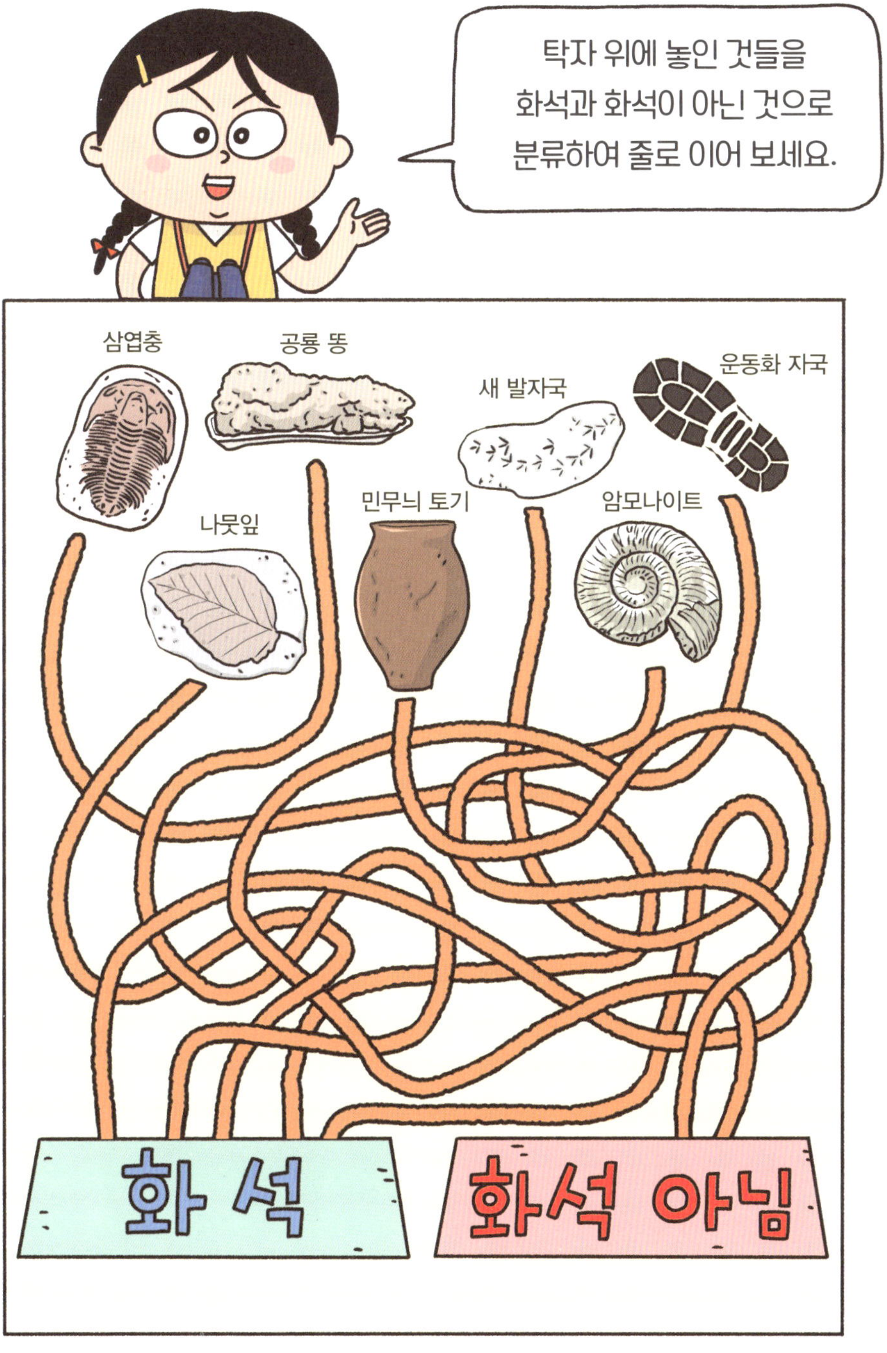

강반달이 싱긋 웃으며 고개를 끄덕이고는 화석을 분류했어요. 그런데 이 과정을 스마트폰으로 찍던 조아해가 어리둥절한 표정을 지었어요.

"에이, 똥이 무슨 화석이야."

그러더니 조아해는 '공룡 똥'을 화석이 아닌 쪽으로 옮겨 놓았어요. 그러자 강반달은 깜짝 놀라 '공룡 똥'을 다시 화석 쪽으로 옮겨 놓으며 대꾸했어요.

"아까 내가 생물이 활동한 흔적이 남은 것도 화석이라고 했잖아. 생물이 살면서 판 구멍, 걸어간 발자국, 꼬리가 땅에 끌린 자국, 먹이를 먹고 나서 몸 밖으로 내놓은 똥 등도 화석이 될 수 있거든. 그러니까 새 발자국이랑 공룡 똥도 화석이야."

"진짜? 후유, 큰일 날 뻔했다."

조아해가 가슴을 쓸어내렸어요. 전자기는 재빨리 태블릿으로 사진을 찍어 업로드했어요. 그러자 '정답입니다. 미션을 해결했습니다.'라는 글이 떴어요. 강반달은 앞선 미션에서 한 실수를 만회했다는 생각에 마음이 뿌듯했어요. 하지만 태블릿을 보니 과학 탐정스 팀은 여전히 3등이었지요.

"쥐구멍에도 볕 들 날 있다고 했어. 아직 3등이지만, 지금은 중반이니까 언제든 역전할 수 있어."

전자기의 말에 강반달과 조아해가 힘차게 고개를 끄덕였어요. 그때 조아해가 눈치를 슬쩍 보더니 각오를 다지자는 의미라면서 아재 개그를 냈어요.

조아해의 썰렁한 아재 개그 덕분에 긴장했던 아이들의 얼굴이 많이 밝아졌어요.

이번에는 강반달이 주사위 버튼을 눌렀어요. 데굴데굴 구르던 주사위는 '3'에서 멈추었지요. 조아해가 투덜댔어요.

"던질 때마다 계속 6이 나오면 얼마나 좋아?"

"계속 큰 수가 나온다고 해서 반드시 좋다는 보장은 없어. 미션이 엄청 어려울 수도 있고, 잘못 걸리면 뒤로 갈 수도 있잖아. 우리에게 남은 건 최선을 다하는 방법뿐이야."

논리 정연한 전자기의 말에 조아해와 강반달이 고개를 끄덕끄덕하며 파이팅을 외쳤어요.

말이 도착한 칸의 미션 제목은 '자리를 정해라!'였어요. 아이들이 들어간 곳은 자그마한 카페였지요. 카페 안 원탁 옆에는 각각 첫째, 둘째, 셋째, 넷째,

다섯째, 여섯째라고 쓰인 윗옷을 입은 반짝이 인형 6개가 놓여 있었어요. 태블릿에서 미션이 떴어요.

> 반짝이 6형제는 사이가 좋지 않아요. 특히 바로 위나 아래 형제들끼리는 절대 옆자리에 앉지 않는답니다. 게다가 셋째와 다섯째는 최근에 크게 다투는 바람에 옆에 앉지 않아요. 반짝이 6형제를 원탁에 둘러앉혀 보세요. 제한 시간은 5분입니다.

"일단 앉혀 볼까? 그리고 자리를 막 옮겨 보자."

강반달이 다급하게 팔을 걷어붙이며 나서자, 전자기가 손톱을 잘근잘근 씹으며 말했어요.

"힘만 들고 시간도 오래 걸리는 무식한 방법이야."

그 말에 강반달이 전자기를 노려보았어요. 그러자 조아해가 서둘러 둘 사이를 비집고 들어왔어요.

"이제 그만! 우리끼리 싸우면 어떡해? 이번 미션은 나한테 맡겨. 다 방법이 있거든."

"방법이 있다고? 뭔데?"

강반달이 머쓱한 얼굴로 묻자, 조아해가 자신만만하게 설명을 시작했어요.

"우선 첫째, 둘째, 셋째의 자리부터 배치해 볼게. 첫째 바로 옆에는 둘째가 앉을 수 없고, 둘째 바로 옆에는 셋째가 앉을 수 없으니까, 앉을 수 있는 배치는 여섯 가지뿐이야."

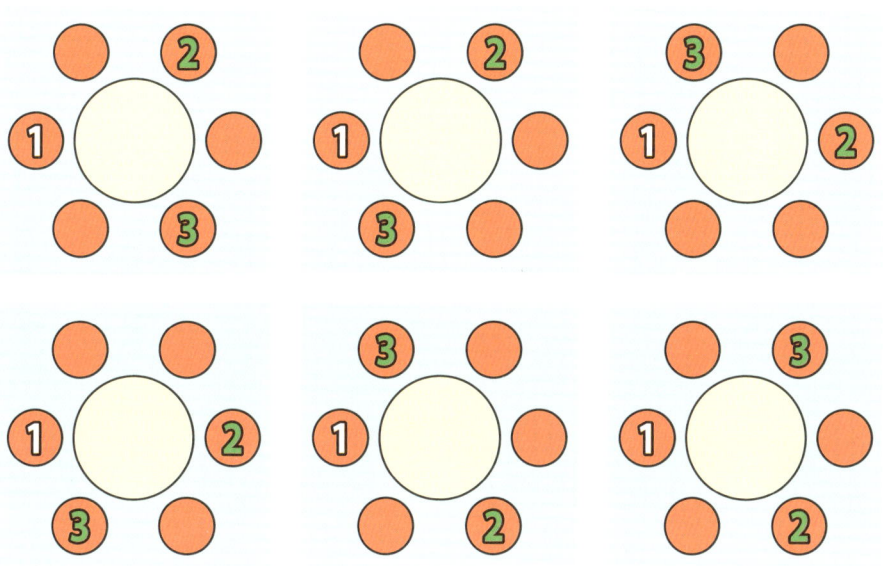

"흠. 그러네. 첫째의 자리를 고정한 뒤, 둘째를 오른쪽으로 한 칸씩 옮겨 가며 셋째를 둘째 바로 옆에 앉지 않게 배치한 거로구나."

전자기가 고개를 끄덕끄덕하자, 조아해가 씩 웃으며 설명을 이었어요.

"맞아. 거기에 셋째와 다섯째는 넷째 옆에 앉을 수 없고, 셋째와 다섯째 또한 옆에 앉을 수 없잖아? 그러니 반짝이 6형제가 앉을 수 있는 자리 배치는 다음 두 가지뿐이야."

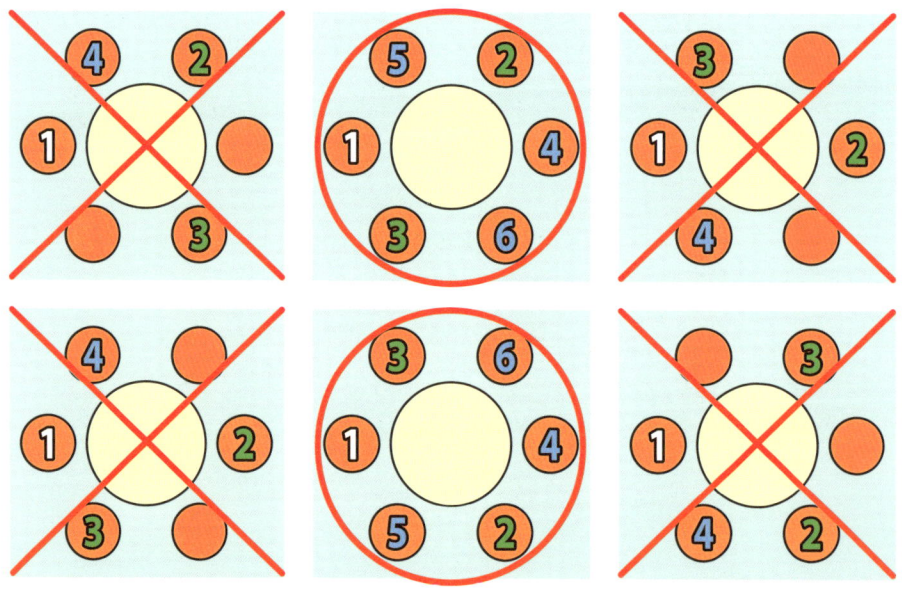

"오, 그렇구나. 대단한 추리력이야. 인정!"

전자기의 입에서 탄성이 터져 나왔어요. 강반달은 환하게 미소 지으며 감탄을 보냈지요. 아이들은 얼른 인형들을 의자에 앉히기 시작했어요. 인형들이 생각보다 무거워서 옮기는 데 시간을 좀 잡아먹었지요. 마지막 반짝이 인형을 의자에 앉히자, 태블릿에 '정답입니다. 미션을 해결했습니다.'라는 글이 떴어요. 아이들은 서로 하이 파이브를 하며 기뻐했답니다.

《《 제3장 》》

역전의 발판

"에이, 우리는 아직 꼴등이네."

태블릿을 확인한 조아해가 실망한 목소리로 말했어요. 하지만 전자기는 눈을 반짝였어요.

"하지만 잘 봐. 1등인 스마트 팀이랑 2등인 지니어스 팀이 대결했는데, 스마트 팀이 이기는 바람에 지니어스 팀이 이전 단계로 밀려났잖아."

"지니어스 팀은 사이언스키를 두 개 다 썼어."

강반달이 의미심장한 눈으로 둘을 쳐다보았어요.

전자기는 고개를 끄덕였지요.

"좋아, 지금이야!"

아이들은 실버 사이언스키를 썼어요.

"과학 탐정스 팀에서 지니어스 팀에게 실버 사이언스키를 사용했습니다."

그 말과 함께 지니어스 팀의 말이 과학 탐정스 팀의 말보다 뒤로 밀려났어요.

"음하하하, 드디어 2등이다! 내 작전이 통했군."

조아해가 전자기와 강반달을 향해 너털웃음을 웃어 보이자, 두 사람은 실소를 터뜨렸어요.

아이들은 다시금 우승의 각오를 다지며 주사위 버튼을 눌렀어요. 데굴데굴 구르던 주사위가 멈추어 선 숫자는 '4', 말이 멈춘 칸의 미션 제목은 '전기가 통하는 길로 가라!'였어요.

이번 미션 장소는 정원 미로였지요. 아이들이 미로 입구로 가까이 다가가자, 태블릿에서 띠링 소리가 나며 미션이 떴어요.

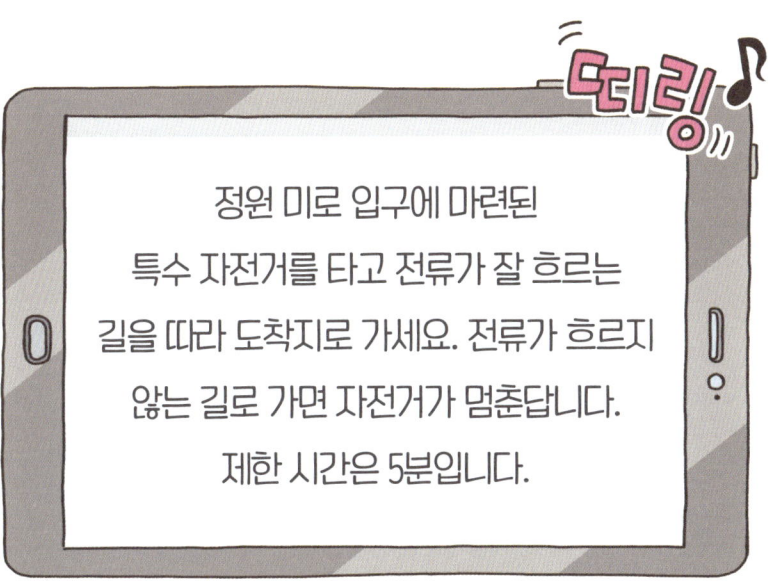

정원 미로 입구에 마련된 특수 자전거를 타고 전류가 잘 흐르는 길을 따라 도착지로 가세요. 전류가 흐르지 않는 길로 가면 자전거가 멈춘답니다. 제한 시간은 5분입니다.

 자전거는 3인용이었는데, 각자 핸들을 돌려 방향을 바꿀 수 있었어요. 맨 앞에 앉은 전자기가 뒤돌아보며 말했어요.

"페달은 같이 협동해서 밟는 게 좋으니까, 처음에 오른발부터 밟자."

"응, 그리고 핸들도 한 방향으로 돌려야겠는데?"

전자기 뒤에 앉은 강반달이 긴장한 얼굴로 핸들을 꼭 쥐며 대꾸했어요. 반면, 조아해는 맨 뒤에서 여유 만만하게 핸들에 셀카 봉을 고정하며 말했어요.

"자, 잡담은 그만하고 이제 출발할까?"

조아해의 출발 신호에 아이들은 힘껏 페달을 밟아 정원 미로 안으로 들어갔어요. 어느새 아이들은 한 몸인 양 페달을 구르고 있었어요.

"와, 우리 찰떡 호흡인데?"

강반달이 감탄하는 사이, 자전거가 어느새 첫 번째 갈림길에 이르렀어요. 갈림길의 왼쪽에는 못이 그려진 팻말, 오른쪽에는 의자가 그려진 팻말이 세워져 있었지요. 잠시 엄지손톱을 물어뜯으며 생각하던 전자기가 자신 있게 외쳤답니다.

"전류가 잘 흐르는 길로 가라는 말은 도체가 그려진 팻말 쪽 길로 가라는 뜻이야."

"무슨 말이야? 도체가 뭔데?"

조아해가 궁금한 얼굴로 물었어요.

"전지, 전선, 전구 등 전기 부품을 서로 연결해서 전기가 흐르도록 한 것을 '전기 회로'라고 해. 전기 회로에 흐르는 전기는 '전류'라고 하지. 전류가 제대로 흐르려면 전기 회로가 끊어지지 않고 바르게 연결되어야 해."

"그런데 못이랑 의자가 전기 회로랑 무슨 관계가 있는 거야?"

강반달의 물음에 전자기가 설명을 이었어요.

"철, 구리, 알루미늄 같은 금속과 흑연 등은 전류가 잘 흐르는 물질인데, '도체'라고 해. 반면에 종이, 유리, 비닐, 나무, 고무, 플라스틱 같은 물질은 전류가 잘 흐르지 않는데, '부도체'라고 하지. 도체와 부도체는 전기 부품을 만들 때 아주 중요하게 쓰여."

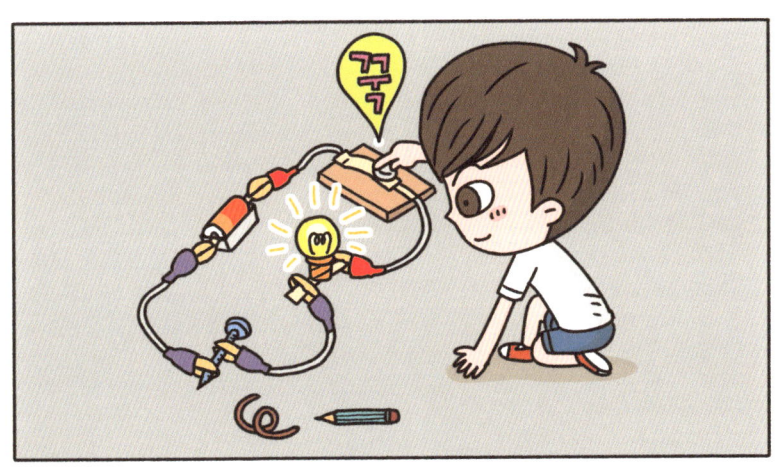

"아하! 알겠어. 전류가 잘 흘러야 하는 곳에는 도체를 쓰고, 전류가 흐르면 안 되는 곳에는 부도체를 쓰

는 거지?"

조아해가 아는 체를 하며 끼어들었어요. 전자기는 명쾌하게 설명을 마무리했어요.

"맞아. 그러니까 전류가 잘 흐르는 길은 도체인 철로 만든 못이 그려진 왼쪽 길이야."

"오케이, 잘난 척 대마왕! 우리는 너만 믿고 열심히 페달이나 밟을게."

강반달이 두 주먹을 불끈 쥐며 말했어요. 기세가 오른 아이들은 콧노래까지 흥얼거리며 왼쪽 길로 접어들었어요. 전자기는 두 갈래 길이 나올 때마다 "왼쪽!", "오른쪽!" 하고 큰 소리로 외치며 도체가 그려진 길로 인도했지요. 전자기의 맹활약으로 아이들은 3분 만에 정원 미로를 탈출했어요.

태블릿에 '정답입니다. 미션을 해결했습니다.'라는 메시지가 뜨자마자, 페달을 밟느라 혼신의 힘을 다한 아이들은 자전거에서 내려 털썩 주저앉았어요. 하지만 아이들은 쉴 틈도 없이 주사위 버튼을 눌렀어요. 데굴데굴 구르던 주사위는 '6'에서 멈추었지요.

"우아, 거의 막판에 이런 큰 수가 나오다니, 신나는걸?"

조아해가 장난스러운 표정을 지었어요. 그 순간, 반갑지 않은 목소리가 울려 퍼졌어요.

"스마트 팀에서 과학 탐정스 팀에게 실버 사이언스

키를 사용했습니다."

"앗! 왜 하필 지금 쓰냐?"

조아해가 이전 단계로 물러나는 말을 보며 이맛살을 찌푸렸어요. 그런데 강반달의 얼굴에는 회심의 미소가 떠올랐어요.

"됐어! 이제 두 팀 모두 사이언스키가 하나도 없어. 우리만 하나 남았어. 그러니까 반드시 역전할 기회가 있을 거야. 자, 힘내자!"

강반달의 말에 아이들은 서로 파이팅을 외치며 다시 한번 주사위 버튼을 눌렀어요. 멈추어 선 주사위의 숫자는 '3', 도착한 칸의 미션 제목은 '글을 읽어라!'였어요. 아이들을 태운 사이언스 트레인이 멈춘 곳은 창고 앞이었지요. 창고 앞에는 바구니가 놓여 있었고, 그 뒤에는 짧은 문구가 쓰여 있었어요.

'태블릿을 제외한 짐을 모두 두고 들어가세요.'

아이들은 투덜거리며 모든 짐을 바구니에 넣고는 터덜터덜 창고 안으로 들어갔어요. 그런데 아이들이 창고 안으로 들어간 순간, 갑자기 철커덩 쇳소리가 나며 문이 잠겼어요. 깜짝 놀란 아이들이 문을 쾅쾅 두드리자, 띠링 하며 태블릿에 미션이 떴어요.

'밖으로 나가려면 문 옆의 버튼을 누르세요. 어떤 색깔의 버튼을 누를지는 쪽지에 쓰여 있어요.'
"이상하네. 왜 또 제한 시간이 없지?"
미션을 본 전자기가 혼잣말을 했어요. 그 순간 강

반달과 조아해가 동시에 소리를 질렀어요.
"으악! 이게 무슨 일이야?"
태블릿에 '시작' 메시지가 뜨더니 우르릉 하는 소리와 함께 천장이 내려오기 시작했어요. 당황한 조아해

와 강반달은 우왕좌왕했어요.

"빨리 버튼을 찾아야 해. 못 찾으면 우린 천장에 깔려 죽을 거야."

"버튼이 어디 있는데?"

"나도 모르지."

전자기도 당황하긴 마찬가지였지만, 곧 정신을 차

리고 창고 안을 이리저리 둘러보았어요. 그랬더니 문 옆에 붙어 있는 빨강, 노랑, 파랑 버튼이 보였어요.

"얘들아, 버튼은 문 옆에 있으니까, 쪽지부터 찾자. 쪽지에 문을 여는 버튼 색깔이 쓰여 있다잖아."

전자기의 믿음직한 말투에 두 사람은 마음이 서서히 가라앉았어요. 물론 천장은 계속해서 조금씩 내려왔지만, 아이들은 침착하게 창고 안을 살펴보았어요. 그때 책상 위에 놓인 돌돌 말린 쪽지가 강반달의 눈에 들어왔어요. 아이들은 환호하며 쪽지를 펼쳐 보았어요. 그런데 아이들은 당황했어요.

"이거, 글씨가 너무 작아서 도저히 안 보이는데?"

눈이 좋다고 자부하던 강반달이 쪽지에서 눈을 떼고는 눈을 비볐어요.

"이럴 때 돋보기가 있으면 좋을 텐데……. 아하! 좀 전에 우리 짐을 모두 바구니에 넣고 들어가라고 한 이유가 전자기의 돋보기 때문이었나 봐."

조아해도 눈을 비비며 울상을 지었어요. 어느덧 천장은 아이들의 머리 위까지 내려와 있었어요. 그때였어요. 애써 침착하게 창고 안을 살펴보던 전자기가 딱 하고 손가락을 튕겼어요.

"돋보기가 없을 땐 이걸 이용하면 돼."

다음 그림을 잘 보고, 쪽지의 작은 글자를 읽을 수 있는 옳은 방법을 찾아 동그라미 해 보세요.

1 스탠드를 켜서 쪽지를 비추면 밝아지니까 작은 글자가 보일 거야.

2 조아해의 안경을 렌즈처럼 사용해 쪽지를 비춰 보자.

3 물이 담긴 어항으로 쪽지를 비춰 보자.

전자기는 후다닥 뛰어가더니, 물이 담긴 둥근 어항을 소중히 안고 돌아왔어요.

"이걸로 뭘 하려고?"

조아해가 의심스러운 표정으로 쳐다보자, 전자기가 곧바로 대답했어요.

"어항을 사용해서 쪽지에 쓰인 글자를 읽을 거야."

"지금 이런 위급한 상황에 장난해?"

강반달이 전자기를 몰아세웠어요. 하지만 전자기는 동요하지 않고 계속 설명했어요.

"장난이라니? 빛은 곧게 나아가는 성질이 있어. 하지만 서로 다른 물질의 경계에서는 꺾여 나아가지. 이런 현상을 '빛의 굴절'이라고 해. 이런 빛의 굴절을 이용한 도구가 바로 렌즈야. 가운데 부분이 가장자리보다 두꺼운 렌즈를 '볼록 렌즈', 가운데 부분이 가장자리보다 얇은 렌즈를 '오목 렌즈'라고 하지."

"좀 더 짧게 얘기할 수 없을까?"

조아해가 초조하게 말을 가로챘어요. 전자기는 고개를 끄덕이며 말을 이었어요.

"알았어. 이 중에 볼록 렌즈로 가까이 있는 물체를 보면 크게 보이고, 멀리 있는 물체를 보면 작고 상하좌우가 바뀌어 보여. 그래서 이 쪽지의 작은 글자를 크게 보려면 볼록 렌즈가 필요한 거야. 대표적인 볼록 렌즈는 돋보기이지. 하지만 돋보기가 없어도 볼록 렌즈 구실을 하는 것들이 있어. 물이 담긴 어항, 물방울, 유리 막대 등이야."

"그래, 뭐든 좋으니 제발 빨리 좀 해. 곧 우리 몸이

볼록 렌즈로 가까운 물체를 볼 때

볼록 렌즈로 멀리 있는 물체를 볼 때

짜부라질 것 같단 말이야."
 강반달의 안달복달에 전자기가 얼른 물이 담긴 어항으로 쪽지를 비추어 보았어요.
 "어머, 진짜 보이네? '파랑'이야, 파랑!"
 조아해가 손뼉을 치며 감탄했어요. 이미 강반달은 달려가고 있었지요. 강반달이 파랑 버튼을 누르자 내려오던 천장이 쿵 소리와 함께 멈추더니, 문이 철컥 열렸어요. 밖으로 뛰쳐나온 아이들은 서로 얼싸안으

며 탈출을 기뻐했지요. 태블릿에는 '정답입니다. 미션을 해결했습니다.'라는 메시지가 떠 있었어요.

아이들은 얼른 순위부터 확인했어요. 조아해가 한숨을 쉬었어요.

"1등인 스마트 팀이 우리보다 7칸이나 앞서 있네. 결승점이 코앞이야."

"흠, 우리가 주사위를 굴려 '6'이 나와도 단번에 따라잡을 수 없겠네?"

전자기가 말을 받았어요. 그리고 아이들은 서로 눈빛을 주고받았어요.

"그래, 지금이야!"

아이들은 골드 사이언스키를 스마트 팀에게 썼어요. 이제는 귀에 익숙해진 목소리가 울렸지요.

"과학 탐정스 팀에서 스마트 팀에게 골드 사이언스 키를 사용했습니다."

 잠시 후, 과학 탐정스 팀이 탄 사이언스 트레인이 스마트 팀이 있는 곳에 도착했어요. 운명의 마지막 대결 상대인 스마트 팀은 자신만만한 얼굴로 과학 탐정스 팀을 맞았지요.

 "후훗, 우리에게 대결을 신청한 걸 후회하게 될 거야. 곧 너희 코가 납작해질 테니까!"

 반짝캔디가 깐족거렸어요. 조아해도 짜증 섞인 말

로 쏘아붙였지요.

"너무 자신하지는 마. 의외로 너희 코가 납작해질지도 모르거든."

한편, 김원빈과 눈이 마주친 강반달은 얼굴이 빨개지더니 조그맣게 "파이팅!" 하고 말했어요. 김원빈은 눈부신 윙크로 화답해 주었지요. 전자기는 가자미눈을 뜨며 강반달에게 핀잔을 놓았어요.

"넌 도대체 누구 편이야?"

강반달은 속마음을 들킨 듯 뜨끔했어요.

두 팀이 할 미션의 제목은 '더 많이 찾아라!'였어요. 두 팀 앞에는 커다란 모니터 한 대가 놓여 있었는데, 그곳에는 가로 7칸, 세로 7칸인 격자무늬가 그려져 있었지요. 곧이어 태블릿에서 미션이 뜨며 모니터의 격자무늬 안에 글자가 쫙 나타났어요.

> 각 팀의 대표가 번갈아 한 번씩 나와
> 제한 시간 5초 안에 모니터에서 가로, 세로,
> 대각선에 쓰인 미생물의 이름을 찾아
> 누르세요. 5개를 먼저 찾는 팀이 승리합니다.
> 틀린 단어를 찾거나 제한 시간 안에 찾지
> 못하면 기회가 상대 팀으로 넘어갑니다.

"미생물? 그런 것도 있어?"

조아해가 고개를 갸웃하며 묻자, 강반달이 쌍안경을 만지작거리며 대답했어요.

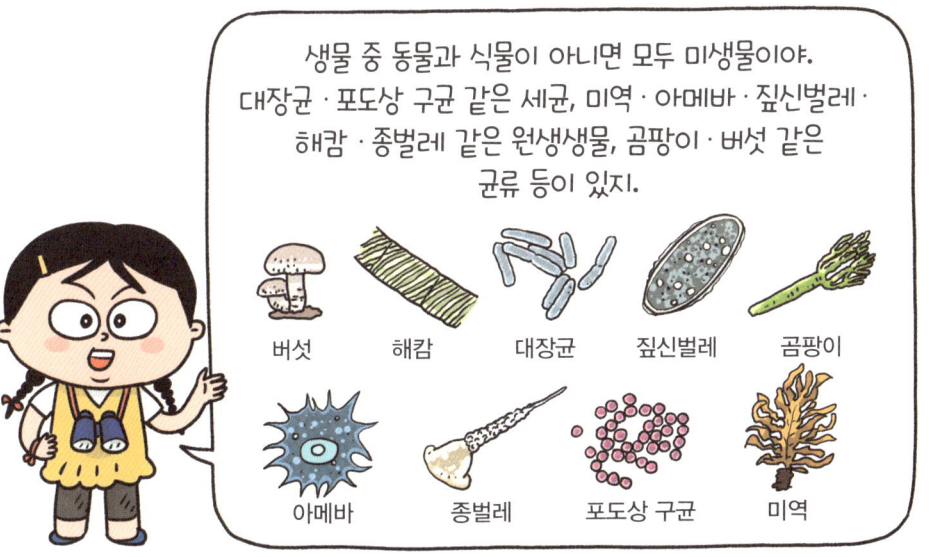

"어머, 난 미역하고 버섯이 식물인 줄 알았어. 그나저나 내 눈에는 아이유만 보이는데?"

조아해가 부끄러운 듯 얼굴을 붉혔어요. 전자기 역시 난색을 표했지요.

"에구, 난 애밀래종만 보여."

"오케이! 거기까지. 미생물은 나한테 맡겨!"

강반달이 자신 있게 대표로 나섰어요. 그런데 스마트 팀의 대표가 하필 김원빈이었어요. 김원빈은 미소를 지으며 강반달에게 악수를 청했어요.

"잘 부탁해. 우리 멋지게 선의의 경쟁을 하자."

강반달이 배시시 웃으며 김원빈의 손을 맞잡았어요. 그 모습을 본 조아해와 전자기가 동시에 강반달에게 버럭 소리를 질렀어요.

"덩치, 정신 차려!"

강반달과 김원빈은 규칙에 따라 가위바위보를 했어요. 그런데 강반달이 져 김원빈의 선공으로 미션이 시작되었지요. 조아해가 난감한 표정을 지었어요.

"큰일이야. 이 미션은 선공이 무조건 유리하거든."

"원숭이도 나무에서 떨어질 때가 있댔어. 실수할 때가 분명히 있을 거야."

전자기가 조아해를 안심시켰어요. 그 순간, 김원빈이 '버섯'을 찾아 눌렀어요. 그러자 강반달이 '곰팡이'를 누르며 바로 동점을 만들었지요.

"오, 역시 덩치야. 잘했어."

조아해가 조마조마한 마음으로 지켜보며 중얼거렸어요. 그사이에 김원빈은 '해캄', 강반달은 '아메바'를 찾아 2:2로 또다시 동점이 되었지요. 그런데 세 번째 순서에서 김원빈이 긴장했는지 틀린 단어인 '소장균'을 누르고 말았어요. 강반달은 이때를 놓치지 않고 침착하게 '종벌레'를 눌렀어요.

"이야, 3:2! 역전!"

전자기와 조아해의 얼굴이 환해졌지요. 그 모습을 본 반짝캔디가 눈을 질끈 감았어요. 그런데 정신을 가다듬은 김원빈이 '대장균'을 누르자, 역시 대장균을 생각했던 강반달은 당황하다가 틀린 단어인 '유구레나'를 눌렀어요.

"3:3 동점이네. 망했다."

조아해가 작게 중얼거리는 순간, 이게 웬일? 김원빈이 손을 덜덜 떨며 틀린 단어인 '종발레'를 짚는 것이 아니겠어요? 조아해는 저도 모르게 "아싸!" 하고 소리를 질렀어요. 그 소리에 반짝캔디가 하얗게 눈을 흘겼고, 조아해는 미안함에 고개를 살짝 숙였어요. 그다음 강반달이 모니터로 손을 뻗는 바로 그 순간, 모두가 깜짝 놀랄 만큼 큰 소리가 났어요.

"아이, 깜짝이야! 반짝캔디, 강반달의 멘털을 흔들

려는 수작이야. 진짜 파렴치하네."

 조아해는 울컥 치밀어 오르는 화를 간신히 억눌렀어요. 강반달은 잠시 주춤했지만, 정신을 가다듬고 '포도상 구균'을 짚어 4:3으로 역전시켰어요. 하지만 곧바로 김원빈이 '짚신벌레'를 짚어 다시 4:4로 동점이 되었지요. 이제 강반달이 미생물 하나만 찾아내면 과학 탐정스 팀의 승리로 경기가 끝나는 상황. 그런데 강반달이 고개를 갸웃하며 미적거렸어요.

"이러다간 기회가 김원빈에게 넘어가겠어."

 조아해의 속이 타들어 갔어요. 전자기는 발을 동동 굴렀지요. 그런데 제한 시간 5초를 막 넘기려는 순간, 강반달이 극적으로 '미역'을 눌렀어요.

"와, 5:4! 이겼다!"

 전자기와 조아해의 입에서 승리의 함성이 터져 나왔어요. 아이들은 서로를 꼭 끌어안으며 함박웃음을

터뜨렸지요. 태블릿에 '과학 탐정스 팀이 스마트 팀을 이겼습니다.'라는 글이 뜨자, 아이들은 얼른 게임판부터 확인했어요. 스마트 팀의 말이 이전 단계로 가 있었지요. 이제 결승점까지는 1칸. 아이들은 떨리는 손으로 주사위 버튼을 눌렀어요. 주사위가 멈춘 숫자는 3! 태블릿에는 어느새 이런 글이 떠 있었어요.

"와, 우리가 우승이야!"

"그러게. 이게 꿈은 아니겠지?"

아이들은 펄쩍펄쩍 뛰며 기쁨을 나누었어요. 팡파르가 울려 퍼지고 화려한 꽃가루가 날리는 가운데 과학 탐정스는 보무도 당당하게 결승점을 통과했어요.

"축하합니다. 리틀 사이언스 킹은 과학 탐정스 팀입니다!"

마중 나온 사이언스킹이 과학 탐정스의 손을 번쩍 들어 주며 우승을 선언했어요. 게다가 사이언스킹이 너튜브로 생중계한 이 대회가 폭발적인 인기를 끄는 바람에 과학 탐정스는 너튜브 내에서도 유명 인사가 되었답니다.

정답

30~31쪽

42쪽

54~55쪽

68쪽
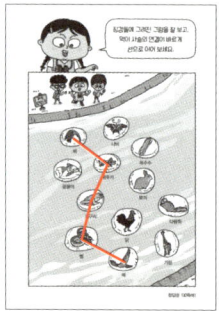

77쪽
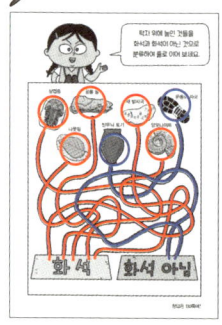

96~97쪽

121쪽

과학 탐정스 4권에서는 초등 과학 교과에서 배우는 내용을 만날 수 있어.

제1장
리틀 사이언스킹을 찾아라!

- 3학년 1학기 과학 1. 힘과 우리 생활
- 3학년 1학기 과학 2. 동물의 생활

제2장
위기의 과학 탐정스

- 5학년 2학기 과학 2. 생물과 환경
- 5~6학년군 과학 · 지층과 화석

제3장
역전의 발판

- 4학년 1학기 과학 4. 다양한 생물과 우리 생활
- 6학년 1학기 과학 5. 빛과 렌즈
- 6학년 2학기 과학 1. 전기의 이용